PHILOSOPHIE EXPÉRIMENTALE.

DEUX LETTRES
sur la
DOCTRINE DE GALL

Adressées à l'un des Membres de l'Institut

Lettres ayant pour but d'apporter les Développements et les Correctifs nécessaires à la Compréhension de cette Doctrine, par suite de quelques Découvertes physiologiques et psychologiques

par

HENRI DEJORT

> Désormais, la philosophie, au lieu d'être un composé de systèmes absurdes, élevés et détruits tour à tour par des hommes étrangers aux connaissances de l'homme, ne sera plus que l'ensemble des connaissances des fonctions de l'encéphale.
> BENECK.

TYPOGRAPHIE OBERTHUR ET FILS, A RENNES

Maison à Paris, rue des Blancs-Manteaux, 35

Quel que soit le sort réservé à cet essai, la science de Gall n'en demeurera pas moins la riche pépinière d'où sortiront un jour les plus hautes vérités philosophiques et morales.

Malmenée par les uns,

Ridiculisée par les autres,

Elle triomphera.

Première Lettre

Paris, le 11 juin 1869.

Monsieur,

Comptant sur la bienveillante indulgence que comporte le mérite, j'ai l'honneur de soumettre à votre haut savoir les propositions suivantes, qui m'ont été suggérées par l'étude de la doctrine de Gall :

A mon avis, les saillies du crâne, que les phrénologistes ont nommées *alimentivité, amativité, combativité* et *destructivité*, ne sont autres que les organes présidant à nos besoins de nutrition, d'exonération, de contraction et de locomotion.

Spurzheim, rectifiant la nomenclature de Gall, n'a pas encore assez généralisé, quoiqu'il en dise; là est le défaut capital du système phrénologique et la principale source du ridicule dont on l'a accablé.

Broussais avait vu ce défaut, mais il ne s'y est pas appesanti; car, sans nul doute, il eût trouvé. — Et quelles assises pour l'édifice encéphalique !

De même que l'organe présidant à nos besoins de nutrition produit, par excès ou perversion, l'alcoolisme et les anomalies du goût, de même l'organe ayant mission de présider au besoin d'activité musculaire (*toujours saillant dans la première enfance et formant bourrelet au-dessus de l'oreille*), a pour effet lorsqu'il *commande* trop vivement l'exercice des muscles, *et que ceux-ci ne sont pas en mesure de répondre à ses ordres*, de produire l'*irritation musculaire*, c'est-à-dire la colère, la méchanceté, la cruauté, et enfin la *destruction* (1).

Il en est de même pour l'organe de réactivité ou contractilité; lorsqu'il est associé au précédent, il produit l'amour de la lutte, la *combativité* de Spurzheim; mais lorsque l'organe locomoteur est faible et que le cervelet est fort, il s'allie de préférence aux muscles de la vie organique, fait agir le système glandulaire, et a pour effet la sécrétion de l'urine, des larmes, etc., etc. Si, recevant le choc, l'individu n'éclate...... il fond....

Le cervelet, organe de l'*amativité* ou des rapports sexuels, d'après Gall et Spurzheim, et le coordinateur des mouvements volontaires, suivant Flourens, a pour seule fonction *la présidence de nos besoins d'exonération, dont la reproduction n'est que l'un des modes.*

Mes preuves à l'appui de cette nouvelle donnée sont nombreuses; j'en citerai quelques-unes :

Poissons, reptiles et oiseaux ont un cervelet composé du seul lobe médian.

Chez les *mammifères*, à ce lobe médian toujours se joignent les lobes latéraux.

---

(1) Toute saillie ou *bosse* sur le crâne est une anomalie qui annonce *toujours* l'exagération ou la perversion d'une faculté fondamentale (c'est ce que les phrénologistes n'ont pas assez vu), et cependant, c'est là le seul moyen qui nous soit donné pour constater l'organe.

Cet accroissement capital n'est-il point dû à la sécrétion lactée?....

Chez l'enfant, le cervelet est maigre, son appareil glandulaire est pauvre ; la surabondance des sucs nutritifs tourne au profit de son développement.

Chez le vieillard, au contraire, *et surtout chez le vieillard érotique*, le cervelet est extrêmement saillant. (*Par sa distance du trou auriculaire et par son ampleur, il est on ne peut plus aisé d'en juger.*) Chez celui-ci, la fonction génitale, ou simplement les violents désirs vénériens, amenés par une imagination luxurieuse, ont eu pour effet d'accroître le système glandulaire au détriment de ses congénères, et particulièrement du système musculaire, qui est presque toujours ruiné. (*Les jambes font défaut à tous les vieux libertins.*)

Pour l'enfant, la composition l'emporte sur la décomposition, *fort peu de cervelet.*

Pour le vieillard érotique, la décomposition semble vouloir prendre le dessus, *cervelet énorme.*

Chez l'individu au tempérament *humide*, lymphatique, *scrofuleux surtout*, un crâne oblong vers la base, à la façon de celui des nègres, et par suite de cette configuration de l'encéphale, toujours un gros cervelet.

Avec le tempérament sec, musculeux, tête ronde, et comme conséquence, fort menu cervelet.

Comparez le crâne du montagnard, qui respire grand et bon air, à celui de l'habitant des vallées et pays marécageux : les goîtreux et crétins du Valais, par exemple.

Si M. Flourens s'était donné la peine d'observer les nuques énormes des vieillards libidineux (*espèce fort commune dans les grandes villes, et surtout parmi le monde civilisé*), il eût vu que, contrairement à la loi physiologique qui veut que l'on déduise du volume d'un organe l'énergie de sa fonction (*autres conditions réservées*), il eût vu, dis-je, que chez ceux-ci la coordination du mouvement volontaire répond fort mal au développement de l'organe qui y préside selon lui.

Passant à un autre ordre de fonctions encéphaliques, je dirai que l'espèce d'accolade, située au-dessus de la racine du nez, que les phrénologistes ont nommée *localités, mémoire des lieux, amour des voyages*, a d'autres attributions beaucoup plus importantes que celles qui lui sont affectées. Là, encore, ils n'ont pas fouillé assez avant, et ne se sont pas demandé le *pourquoi*; ils n'ont pas vu la fonction primitive, fondamentale de cet organe, mais seulement quelques-uns de ses modes d'action. Je l'appelle : vue d'ensemble, esprit de généralisation, d'abstraction, de synthèse. En effet, lorsqu'il est *largement saillant*, comme il est aisé de le constater chez Buffon, Geoffroy Saint-Hilaire, Bichat, Broussais, Auguste Comte, etc., chez tous les *novateurs* enfin, il a pour effet une tendance irrésistible vers la méthode synthétique; il veut l'unité.

L'esprit d'analyse, au contraire, se traduit par l'encadrement puissant de l'œil, par l'arcade sourcilière *large* et *proéminente*, et par l'*effacement* de l'organe précédent qui, par parenthèse, me fait l'effet d'un papillon voltigeant sur toutes choses pour ne prendre que l'essence de ces choses.

L'organe synthétique va de l'avant et procède par intuition.

L'analyse suit le chemin tracé et veut l'expérimentation.

Il est bien entendu que l'un et l'autre peuvent être associés, et cela doit être chez l'homme vraiment complet; mais l'observation démontre leur antagonisme *physique*, et presque toujours l'un tue l'autre.

Voyez, palpez l'organe synthétique sur *toutes* les têtes philosophiques, constatez l'analyse chez tous les savants *essentiellement* spécialistes.

Je ne sais si le narré de cette trop longue lettre ne vous donnera pas une piètre opinion de son auteur, je le crains. Cependant, si quelques-unes de mes données avaient le mérite d'appeler votre attention, je me tiendrais à votre disposition,

Monsieur, si toutefois cela vous paraissait nécessaire, afin de vous prouver par l'expérimentation craniologique que tout ce que j'avance n'est pas simplement hypothétique, mais bien le fruit d'observations répétées, et confirmées tous les jours.

Veuillez agréer, Monsieur, mes respectueuses salutations.

DEJORT.

P. S. — Le moyen le plus simple à employer pour démontrer la pluralité des organes cérébraux peut se formuler ainsi :

Plus l'œil s'exerce, plus est large et proéminente l'arcade qui le recouvre ; plus l'oreille agit, plus les parties latérales du crâne ont d'ampleur.

Tel est l'un des points fondamentaux de ma synthèse phrénologique ; telle est la loi que je soumets aux *ennemis* de la science de Gall.

RÉPONSE.

Paris, le 21 juin 1869.

Monsieur,

Bien que plusieurs de vos *idées* soient contraires à celles que les recherches cliniques et expérimentales, plus décisives que les simples inspections du crâne, m'ont démontrées, je ne vous en remercie pas moins de la lettre que vous m'avez fait l'honneur de m'écrire. Je souhaite que vos travaux puissent contribuer à la solution des nombreuses et graves questions sur lesquelles ils roulent. Mais, dans l'état d'opposition où, sans le savoir, vous vous trouvez avec moi, je ne vois pas trop comment, sans *expériences* et sans observations cliniques, vous pourriez me faire accepter vos propositions.

Quoi qu'il en soit, Monsieur, malgré mes occupations qui sont bien grandes, si vous y teniez, je pourrais vous indiquer une heure de la journée où je me tiendrais à votre disposition.

Veuillez agréer, Monsieur, mes salutations empressées.

Signé : ***

Deuxième Lettre

Paris, le 22 juillet 1869.

Monsieur,

Vivement pénétré du bon accueil que vous avez bien voulu faire à ma lettre, je répondrai de la sorte à celle que vous m'avez fait l'honneur de m'adresser :

Je pensais que le simple énoncé de mes propositions équivalait à une démonstration pour un phrénologiste ; qu'il lui suffisait de remémorer ses observations antérieures pour reconnaître que tout ce que j'avance a été admis comme fait, et que ce fait a tout simplement été mal interprété par l'école phrénologique. Et, en effet, si vous voulez bien vous reporter aux leçons de Broussais, page 141, édition in-8°, 1836 (1), vous verrez, Monsieur, que ma lettre avait pour but de donner la solution d'un problème posé par lui.

J'essaierai cependant d'étendre et de prouver la proposition fondamentale pour vous, puisqu'elle est contraire à vos idées : *Le cervelet et sa fonction.*

Mais auparavant, vous voudrez bien reconnaître, je l'espère, qu'en ce qui concerne les organes ayant mission de présider au jeu régulier de nos fonctions physiologiques qui, pour moi, siégent à la base du crâne, l'un, bien démontré, serait raison assez majeure pour y chercher les autres.

Je n'ai cependant pas procédé de la sorte, et je puis vous affirmer, Monsieur, que tous ces organes ont été découverts un à un (leur véritable destination dans l'organisme, j'entends). Mais, après l'analyse, la synthèse est venue s'imposer d'elle-même, et à son tour, elle m'a donné la plus belle preuve de la justesse de mes expérimentations.

---

(1) ..... Si j'ose ici me citer, « dit Broussais », j'avais, sans connaître les travaux de l'école d'Edimbourg, admis les mêmes besoins dans mon *Traité de physiologie appliquée à la pathologie*, tels que le besoin de la respiration, celui de l'alimentation et celui des exonérations. De plus, j'avais admis, ainsi que cette école, le besoin de l'activité musculaire, l'impatience d'agir, parce que ce besoin me paraît extrêmement impérieux chez les jeunes sujets ; mais je n'avais pas localisé ces besoins dans l'axe cérébro-spinal, et les phrénologistes n'ont pas encore pu le faire. De sorte que l'on est tenté de croire que le besoin d'activité, le besoin de repos tiennent à la disposition générale du système nerveux. Voilà quels sont les motifs qui empêchent les phrénologistes de remonter, dans l'exposition des instincts et des besoins, au delà des organes de l'alimentivité et de l'amour de la vie, sur l'existence desquels ils ne sont pas encore unanimes.

Tentons nos preuves :

Tout homme s'attachant *peut-être exclusivement* à l'observation craniologique a pu constater que le cervelet était *presque toujours* en rapport avec le degré de sécheresse ou d'humidité des tissus. Compensateur de l'organe nutritif, il se trouve généralement en parfaite concordance avec lui; il en est de même, d'ailleurs, de tous les autres organes qui doivent pourvoir à nos premiers besoins; ainsi :

La nutrition appelle la sécrétion ou exonération. La sensation veut la contraction, et la respiration commande l'action ou locomotion.

Je vois le même dynamisme entre le *calorique* et la *matière*. Soleil et terre, par exemple.

L'un a pour but l'*expansion*;

L'autre l'*attraction*.

Ces deux forces, essentiellement contraires, sont partout, sont dans tout, et leur association est tout !

Leur perpétuel et universel combat a pour effet le *mouvement !... la vie !*...

De leur accord ou juste équilibre résulterait le *néant !*...

Je le répète, leur association est tout !... et leur séparation absolue n'est rien et ne peut se concevoir. En effet :

Conçoit-on le calorique sans matière ?.... Conçoit-on le moindre *atôme* de matière sans calorique latent ?...

Ce principe, bien démontré, ne pourrait-il pas mettre un terme à ces questions oiseuses et insolubles qui ont nom : force et matière, âme et corps, liberté et fatalité, etc.

La vérité, entrevue par un de ses côtés seulement, a donné lieu à ces interminables jeux de mots, qui ont fait perdre un temps précieux aux hommes supérieurs qui ont pris part à ces débats.

Je reviens à la question.

Ne sont-ce pas là des *idées* de toute logique pour vous, Monsieur, et pour moi la simple conséquence des faits, puisque les faits seuls m'ont amené à ce résultat ?

Ce dynamisme peut cependant souffrir quelques écarts, mais il y a alors anomalie, perversion de l'une des deux fonctions de rapport.

Par exemple, lorsqu'un fort développement de l'organe nutritif a pour effet l'ivrognerie, le cervelet peut ne pas suivre.

Ou bien, chez le libertin, quoique le cervelet soit toujours très-fort, l'organe nutritif peut être faible. Le rapport du cervelet avec l'humidité des tissus peut aussi faire défaut dans cette circonstance.

Je suis convaincu qu'il existe *toujours* une forte nuque ou gros cervelet chez la femme dont les mamelles sont très-développées, soit par suite d'un tempérament lymphatique, soit comme bonne nourrice.

Avec mon système, cela est rationnel, puisque le cervelet doit présider aux sécrétions et que, dans ces deux cas, elles sont abondantes. Mais, si je vois un cervelet proéminent avec peu de gorge et un tempérament sec, j'en conclus, tout aussitôt, que j'ai affaire à une nature prédisposée à l'hystérie; car, la sécrétion ne se faisant ni par les tissus, ni par les glandes mammaires, doit avoir lieu alors par l'organe génital (j'en excepte les cas de maladie, bien entendu).

Autre preuve sur le même sujet :

L'homme qui a fait abus de la fonction génitale et que l'âge ou les circonstances contraignent à rester coi, est pris, le plus souvent, d'un catharre pulmonaire, ou bien, la poitrine trop faible pour résister au choc, s'affecte. Le système glandulaire, *trop actif*, ayant perdu son mode d'expansion, d'une part, se retourne d'autre part, et l'appareil choisi doit subir double travail, ce qui le fait fort souvent succomber à cette tâche.

Il faut que les détritus de l'organisme se fassent jour, ou bien, au lieu d'une décomposition, il faut une combustion du sang, et cela a lieu par l'activité musculaire ou par la pensée, autre mouvement de la matière. Mais, par suite d'habitudes invétérées, l'un des systèmes de l'organisme prend un trop grand empire sur les autres, et cette transmission de dépense vitale ne peut plus se faire entre systèmes, mais seulement entre appareils d'un même système ; il en est ainsi par suite de l'abus de certaines fonctions. L'équilibre, nécessaire entre toutes, n'existe plus.

Cette donnée me paraît précieuse pour le médecin ; il peut reconnaître par la seule configuration de l'encéphale les prédispositions de son malade, son tempérament, et voir ainsi, le plus souvent, la principale cause du mal (car n'est-ce pas par le défaut d'équilibre entre nos fonctions que naissent la plupart de nos maladies ?).

Autre preuve :

Je mets en fait, qu'étant pris cent hommes au hasard, appartenant à l'extrême civilisation (ce qui répond à usage très-modéré des muscles), de l'âge de 45 ans et *au-dessus*, l'on trouve 40 nuques ou cervelets anormaux, c'est-à-dire manquant de ce juste équilibre dont je viens de parler.

Qu'étant donnés ensuite cent autres hommes (ouvriers terrassiers ou forgerons), je soutiens qu'il ne se rencontre pas 5 nuques parmi eux. Mais, par contre, ce que le crâne avait en longueur à la base chez le premier, est acquis en largeur chez le second (l'écartement des oreilles facilite cette observation, des plus aisées).

En voici la cause :

Chez l'un, la dépense se fait par le système glandulaire, dont le premier et principal appareil a pour but la fonction vénérienne, tandis que chez l'autre cette dépense se fait par l'exercice des muscles. — Et cependant, si l'on admet avec certains phrénologistes que le cervelet préside à la seule reproduction, l'on pourra se convaincre qu'il y a là défaut d'exactitude, car c'est chez l'ouvrier que la fonction génitale s'accomplit, sinon le plus souvent, du moins le mieux. — Chez lui, il y a juste équilibre entre les trois systèmes de l'organisme qui doivent coopérer à cet acte complexe : l'action, la contraction et la sécrétion (bien élaborée), tandis que chez le premier, il manque ou à peu près l'un des éléments du problème (l'action musculaire); il ne lui reste que la contraction, qui amène presque aussitôt le désir, l'expulsion de la liqueur séminale. Et quelle liqueur!

Si l'on veut, avec MM. Flourens et Bouillaud, que le cervelet préside à la coordination des mouvements volontaires (singulière idée, disait Gall...), le volume de l'organe et la fonction qu'il doit diriger se trouvent alors dans un rapport diamétralement opposé; j'en donnerai pour preuve :

L'enfant, jusqu'à l'âge de 15 ans, chez qui le cervelet est nul ou à peu près (1);

(1) N'est-il pas rationnel de voir le cervelet (organe exonérateur) prendre des proportions tout autres, lorsque le corps est parvenu à l'apogée de sa croissance? — Ne faut-il pas que le surcroît des matériaux nutritifs qui, jusqu'alors, servait au développement, trouve un autre débouché? — L'équilibre organique n'exige-t-il pas alors le fonctionnement d'un nouvel appareil glandulaire, ayant pour mission de distiller certains produits de l'organisme, de les élaborer avec infiniment de soin, pour en former une espèce d'essence de l'être, essence qui doit servir à la reproduction?

Cet acte, bien que fort complexe chez l'homme, n'est-il pas même chez tous les êtres organisés, animal ou plante?

Ne voit-on pas venir, à la suite du développement complet de l'individu, un excès d'activité dans toutes ses facultés *expansives?*... — N'est-il pas plus affectueux, plus généreux, plus bienveillant, plus enthousiaste?... — Ne sent-il pas bouillonner dans toutes les parties de son individu cette surabondance de vie dont il est si prodigue?

N'est-ce pas la plante qui, parvenue à maturité, ouvre sa corolle et exhale son parfum?...

Je le répète : la subite croissance du *cervelet* vers l'âge pubère donne le signal de cet épanouissement.

Le vieillard *érotique*, chez qui cet organe est monstrueux.

L'on sait comment s'exerce le mouvement chez le premier, et il est aisé de constater que chez le second il y a toujours faiblesse ou paralysie des membres inférieurs, ce qui rend, il faut en convenir, leurs mouvements assez mal coordonnés.

Chez le citadin, il y a généralement sacrifice du système musculaire au profit du système nerveux (le budget de la nature étant fixe, a dit Goëthe, toute somme trop considérable de force affectée à une dépense, exige ailleurs économie).

(Muscle me paraît synonyme de force ou puissance de cohésion ;

Nerf répond à faiblesse ou besoin d'expansion (1).

Le froid produit la contraction et la sensation exige la chaleur animale.

La fonction du système nerveux serait donc de distribuer cette chaleur animale dans les divers systèmes et dans les différentes parties de l'organisme, où, *dissolvant* le tissu de tel ou tel organe, elle aurait pour effet telle ou telle sensation.)

Je retourne au sujet principal, le cervelet, et vais clore cette série de.....raisons, bonnes, je crois, par une donnée d'ensemble qui, je l'espère, Monsieur, vous paraîtra d'une sérieuse valeur:

Dans les vallées, dans les pays marécageux, où se rencontrent le goître et le crétinisme, se trouvent aussi de fortes nuques qui, sans aucun doute pour moi, sont la conséquence d'un tempérament humide, comme le sol habité.

Sur les hauts plateaux, sur les montagnes, là où il y a grand et bon air, point de nuque, mais en revanche, des latérales

---

(1) Plus le corps est richement pourvu de nerfs, plus l'individu a de nombreux rapports ou points de contact avec le monde extérieur, et par suite, plus il se *découvre* vis-à-vis de ce monde extérieur; plus il offre de prise pour la *désagrégation* de son être, dans cette lutte incessante de la *partie* contre le *tout*, moins il possède son individualité. En un mot, plus son impressionnabilité croît, plus sa force décroît.

puissantes, relativement aux dispositions du tout, s'entend. — Là, la sécrétion et la flaccidité des tissus est remplacée par l'action musculaire et par la fermeté de ces mêmes tissus. — *Les solides l'emportent sur les fluides.* — Aussi, fort maigre cervelet.

La configuration de l'encéphale de ces deux espèces d'individus, *expérience faite*, me paraît être une démonstration *complète, absolue* de ma proposition :

Climat sec, tempérament sec. — Tête large à la base, où domine au-dessus de l'oreille l'organe d'activité musculaire (destructivité, de Spurzheim) et postérieurement, y attenant, l'organe de contraction (sorte de thermomètre de l'organisme).

Climat humide, tempérament humide, et comme conséquence, un crâne allongé, ayant, comme je l'ai déjà dit, quelque ressemblance avec celui des nègres; avec moins de salacité, sans doute, à cause d'un climat moins chaud; et par la même raison, de leur organisme.

J'ai trouvé, Monsieur, un moyen de vous convaincre de la valeur de l'étude des saillies du crâne, ou plutôt de l'ensemble de sa configuration, par une expérience qui vous semblera peut-être aussi fantasque que peut le paraître cette étude elle-même. — Et cependant, vous voudrez bien admettre, j'en suis certain, que tout moyen est bon pour découvrir le vrai.

Voici l'examen que je puis subir, à la plus grande gloire de Gall :

Deux personnes m'étant présentées, *j'affirme* différencier :

L'esprit analytique de l'esprit synthétique; — l'esprit d'analogie de la tendance à saisir les contrastes ou esprit critique; — l'homme d'ordre, de méthode, de celui qui en manque complétement (les nuances ne seraient pas des preuves, les extrêmes en sont; je fais voir et palper la *bosse*); — le musicien du peintre (j'entends l'un de ces deux arts parvenu à l'état de passion, et cela se rencontre aisément chez l'artiste); — l'aptitude aux mathématiques d'avec son défaut ; — l'esprit où l'instinct des combinaisons mécaniques avec celui qui ne l'a point et se sent maladroit de ses mains; — l'homme rusé de l'homme franc ; — l'homme actif de l'homme contemplatif; — le bienveillant du malveillant ; — le gourmet de l'homme sobre ; — le libertin de l'indifférence pour le sexe ; — l'homme contractile, irritable, du phlegmatique ; — le besoin d'activité musculaire de son contraire ; — l'homme humble de l'homme suffisant ; — l'avare du prodigue ; — l'estime de soi-même, dignité, orgueil, du besoin d'approbation ou vanité, etc., etc.

Etant donnés, trois hommes (occupés spécialement de travaux d'intellect) :

Expérimentateur. Raisonneur et Rêveur.

Je me fais fort de reconnaître et de démontrer les organes d'observation méticuleuse, situés à la base du front, chez le premier; au-dessus de ceux-ci, les organes réflectifs ou de raisonnement, chez le second; et, enfin, les facultés d'imagination qui couronnent le tout, chez le troisième. Ces trois degrés évolutifs de l'encéphale : voir, — concevoir, — imaginer, — doivent, pour mener à de bons résultats, s'équilibrer perpendiculairement l'un sur l'autre; mais il ne faut pas, *surtout, que cet édifice pèche par la base, point essentiel.* — Dans ces conditions alors, plus le front s'élève sur de *robustes assises*, plus l'homme voit de haut et de loin, plus et mieux les données des sens sont digérées par lui.

Je puis citer pour ces trois types : Lacépède, Broussais et Auguste Comte.

Je crois, Monsieur, que mes données d'ensemble, *d'une vérification facile*, seront préférables, pour votre esprit, à des observations particulières qu'il vous est aisé de faire chaque jour, d'après ces bases. Elles vous paraîtront, je le crois, bien supérieures à ces expérimentations de détail que je ne vous offre qu'à titre de simple curiosité... — Elles pourront sinon vous faire admettre d'emblée mes propositions, du moins vous donner lieu de réfléchir sur leur valeur, et, par le seul fait de cette réflexion, j'ose espérer.

Veuillez agréer, Monsieur, l'assurance de mes sentiments les plus respectueux.

DEJORT.

P. S. — Je soumets à votre appréciation l'analogie suivante :

Le cerveau est au corps ce que le soleil est à la terre,

Il est le réceptacle des matériaux les plus subtils de l'organisme,

Il vivifie !.....

Un mot encore : je le répète, toute saillie ou bosse sur le crâne est une anomalie qui indique *toujours* l'exagération ou la perversion d'une faculté fondamentale, et cependant, c'est le seul cas où l'organe puisse être constaté. Ainsi :

Les organes affectés aux besoins de nutrition et de locomotion doivent être préféremment cherchés chez l'enfant gourmand et casseur. Celui du besoin de contraction, chez l'individu très-irritable (le rachitique, par exemple), sans pour cela être batailleur, comme le veulent les phrénologistes. Et enfin, celui du besoin d'exonération, chez les natures *lymphatiques, scrofuleuses, et chez tous les vieillards libertins.*

— Entraîné par mon sujet, je ne puis clore cette énorme lettre sans vous soumettre encore une nouvelle proposition :

Plus l'homme (aussi bien que l'animal) possède de fortes latérales crâniennes, plus il est égoïste et malfaisant (je fais abstraction de l'intellect, afin de simplifier la proposition).

Plus, au contraire, ces parties latérales sont effacées par la prééminence de la ligne médiane, de l'occiput et du sinciput, plus l'être est bienveillant et inoffensif.

Ces deux contraires : égoïsme et altruisme, force et faiblesse, attraction et expansion, étant essentiellement antagonistes, ont pour effet de s'atténuer l'un et l'autre.

Le premier a pour mobile l'individualité (instincts de conservation personnelle), *égoïsme*, puissance d'*attraction*.

Le second donne comme résultat le besoin d'association (sacrifice de sa personnalité au profit de la famille, de la société). *Altruisme* : besoin d'*expansion*.

L'un, c'est le *mal*. — L'autre, c'est le *bien*.

Ni l'un ni l'autre ne sont absolus, car, ainsi que je l'ai déjà dit :

Le *mal*, c'est l'attraction pour soi, — *personnalité* ;
Le *bien*, c'est l'expansion pour tous, — *sociabilité*.

Or, que résulte-t-il de ce perpétuel et universel combat entre ces deux forces ennemies : *attraction et expansion ?*

Le mouvement dans l'univers ; — *la vie* chez l'être organisé.

Les individus dominés trop exclusivement par les latérales se rencontrent dans les bagnes. Ce sont des *natures fortes*, qui n'ont ni pu, ni su s'astreindre au joug social ; ils sont encore trop primitifs.

Les individus chez qui la ligne médiane l'emporte sont des *natures faibles*. On les trouve le plus généralement dans les cloîtres. Êtres transformés par la civilisation, ils sont vieux dans l'espèce et ne peuvent tarder à en disparaître, eux et leurs rejetons, si toutefois il y en a... Chez eux, le système musculaire est totalement ruiné, au profit des nerfs sensitifs, d'où : bienveillance — sensiblerie — étiolement.

La suprême expansion, c'est la mort !...
La partie retourne au tout.
La lutte est terminée.

RÉPONSE.

Paris, le 4 août 1869.

Monsieur,

Si vos occupations vous le permettent, veuillez me faire l'honneur de venir me voir demain, dans mon cabinet, de 8 à 9 heures du matin.

Si ce jour ne vous convenait pas, vous vous voudriez bien m'en indiquer un autre, mais pour la même heure.

Votre serviteur dévoué.

Signé : ***

Résumé de mon entrevue avec le D^r *** et appréciation de cette entrevue.

M. le D^r *** accepte mes données comme *vraisemblables*, mais il demande des preuves.

A ceci je réponds :

Ces preuves doivent se rencontrer *partout*, si ma théorie est juste, et il suffit à tout médecin, à tout observateur, d'être *prévenu* pour les voir comme moi, ces preuves. — Les plus simples notions de la science de Gall suffisent à cette expérimentation, qui n'exige que de bons yeux et un jugement sain.

Il veut des faits cliniques ou des expériences sur les animaux vivants :

Je ne suis en mesure de procéder ni d'une façon, ni de l'autre, n'étant ni physiologiste, ni médecin, mais tout simplement un observateur craniologiste. La seule configuration de l'encéphale m'a mis en possession des découvertes que je lui soumets ; si elles sont vraies (et cela, je le répète, est on ne peut plus aisé à constater), la science de Gall, tant ridiculisée, a donc quelque valeur ? — Si elles ne le sont pas, autre problème à résoudre :

Comment suis-je parvenu, moi, ignorant à peu près tout ce qui a trait aux sciences physiologiques et pathologiques ; moi, qui n'ai reçu qu'une instruction première des plus médiocres, comment ai-je pu, dis-je, appeler l'attention d'un savant, d'un membre de l'Institut, sur une nouvelle théorie qui, d'après son dire, est bien coordonnée, *vraisemblable ;* théorie qui n'aurait d'autre fondement que mon imagination ?...

L'on conviendra qu'il m'eût été infiniment plus difficile de forger toutes les pièces de ce système que de les narrer bien simplement, comme étant le fruit d'obervations consciencieuses, observations qui ont été classées ensuite par un esprit exempt de tout préjugé scientifique.

M. le Dr *** veut des faits pour faire admettre mes théories par tous, là étant la grande difficulté, me dit-il.

Mais je donne des *lois*, et tout homme que ces lois intéressent doit *lui-même* en faire la vérification.

N'est-ce pas là l'unique moyen de se convaincre de leur exactitude ?

Les problèmes posés sont, d'ailleurs, fort simples à résoudre et peuvent se formuler ainsi :

Les organes que les phrénologistes nomment alimentivité et destructivité et que j'appelle besoin de *nutrition* — besoin de *locomotion*, se rencontrent-ils, et la saillie est-elle bien apparente, chez le jeune enfant gourmand et casseur (c'est-à-dire doué d'un grand besoin d'activité musculaire, — d'une grande vitalité) ?

L'organe appelé par eux combativité et que je nomme besoin de *contraction*, est-il *toujours* fortement développé chez les natures qui possèdent une grande puissance d'innervation, chez tous les êtres irritables ?

Et ma réponse à cette proposition donnée par MM. Flourens et Bouillaud :

« *Le cervelet préside à la coordination des mouvements volontaires,* »

proposition adoptée par la science, et que je ne saurais admettre; car d'innombrables observations, répétées chaque jour, m'ont démontré ce qui suit :

Plus le cervelet est large et proéminent (toutes les natures lymphatiques, scrofuleuses et vieillards libertins), plus les mouvements sont lents et mal réglés ;

Plus, au contraire, cet organe est maigre (toutes les natures sèches, — musculeuses et les enfants qui n'ont pas encore atteint leur puberté), plus les mouvements sont vifs et bien coordonnés.

D'où je me crois en droit de formuler cette nouvelle proposition :

Le cervelet a pour mission fondamentale la présidence de nos besoins d'*exonération*, dont la *reproduction* n'est que l'un des modes.

J'en appelle à l'observation et au simple bon sens.

Serai-je écouté ?

Quant aux autres propositions contenues dans mes deux lettres, elles découlent nécessairement de celles-ci ; elles doivent s'imposer d'elles-mêmes à tout homme qui veut étudier philosophiquement la doctrine de Gall, qui voit l'*évolution* encéphalique et qui a l'esprit vierge de tout préjugé.

En vente chez l'Auteur, 74, rue des Moines (17e arrondissement) :

Petit Buste phrénologique, à l'usage de MM. les Médecins, les Artistes et les Gens du monde — buste explicatif de la Doctrine de Gall, avec les développements et les correctifs qui font l'objet de la présente brochure. — **PRIX : 10 fr.**

ENVOI FRANCO CONTRE UN MANDAT SUR LA POSTE.

Dépôt chez les principaux Libraires.

Principes généraux se rapportant au Buste explicatif de la Doctrine de Gall.

S'élever du *particulier* au *général* ;
Remonter de la *diversité* vers l'UNITÉ !...
Relier les parties constituantes de l'organisme, en établissant entre elles une solidarité de plus en plus grande ;
Mettre en jeu certaine puissance coërcitive, ou force de réaction, contre les influences destructives de l'extérieur ;
Etablir les rapports, au point de contact, *nécessaires* entre l'individu et son entourage, *son milieu* ;
En un mot, mettre la *partie* en harmonie avec le *tout*.
Voilà quelle est la loi d'évolution des facultés de l'encéphale et le double rôle que le système nerveux est appelé à remplir dans l'organisme.

———

Il y a corrélation intime entre la tête et le corps. — A mesure que le cerveau se développe, le corps acquiert de nouvelles formes. Ainsi :
L'organe d'*indépendance* (estime de soi-même; fierté, dignité personnelle), largement saillant, comporte un *pied fortement cambré*; tandis que la nullité absolue de cet organe, dans l'encéphale, veut un *pied plat* !...
Je recommande cette petite expérimentation à Messieurs les détracteurs de la phrénologie ; et, s'ils sont de bonne foi, j'affirme qu'ils reconnaîtront bientôt que la science de Gall n'est pas aussi ridicule qu'ils ont voulu la faire.

———

Le but pratique de la phrénologie, *dit Ferrier*, est d'éclairer l'homme sur la dynamique des forces morales et physiques qui existent en lui, pour qu'il en puisse régler l'équilibre ; de reconnaître dans quelle direction se porte la vie, pour empêcher qu'elle ne s'échappe trop dans le même sens, comme la flamme d'un bûcher s'envole sans avoir épuisé tout l'aliment qu'elle eût pu consumer.

Tout homme a sa valeur, mais beaucoup meurent sans l'avoir connue.

Ce qui retient tant d'hommes dans la médiocrité, c'est l'ignorance de leurs aptitudes spéciales et le mauvais emploi des forces morales qu'ils ont reçues de la nature.

Le *libre arbitre* existe chez tout homme qui n'est pas un monstre ; mais cette liberté morale est d'autant plus active, que les parties antérieures et supérieures de son cerveau sont plus développées.

La phrénologie inintelligemment comprise, inintelligemment appliquée, tombera bien sûrement dans le domaine du ridicule; mais s'ensuit-il pour cela qu'il faille l'abandonner ? — De ce que beaucoup de prétendus philosophes n'ont jamais été que de pauvres raisonneurs, a-t-on rejeté la philosophie ?...

La ligne qui sépare le sublime du grotesque ne fut toujours qu'une nuance.

Chaque partie du cerveau préside à une faculté, et ces facultés sont d'autant plus nombreuses que le cerveau est plus composé. — C'est là toute la phrénologie.

Le budget de la nature étant fixe, a dit Goëthe, toute somme trop considérable de force affectée à une dépense, exige ailleurs économie.

Loi fondamentale que le phrénologiste doit toujours avoir présente à la mémoire, et d'où découle cette vérité : « Le corps tue l'esprit, l'esprit tue le corps. » Car une seule et même force préside à tout, et cette force n'est autre chose que le *calorique engagé dans la matière à titre de principe constituant.*

Le *cerveau* est le dépositaire et le distributeur de ce *calorique latent*. Il a pour mission de le répartir arbitrairement dans toutes les parties du corps au moyen du système nerveux.

Il est le réceptacle des matériaux les plus subtils de l'organisme.

Enfin, il est au corps ce qu'est le soleil à la terre.

Il vivifie !

Les organes encéphaliques se confondent, se modifient et s'atténuent les uns par les autres.

Il existe entre eux un perpétuel antagonisme, savoir :

La raison lutte contre les passions, le moi lutte contre le non-moi, le physique contre le moral, le réel contre le fictif, les sens internes luttent contre les sens externes, la contraction lutte contre la sensation, l'assimilation contre l'exonération, l'égoïsme contre l'altruisme, la liberté contre la fatalité, et enfin le corps lutte contre l'esprit.

Telle est la clef du problème posé sur ce buste.

— Je vois semblable dynamisme régir le monde, et j'appelle les deux puissances rivales :

Calorique et matière.

Deux *abstractions* qui associées sont *tout*, séparées ne sont *rien* et ne sauraient se concevoir.

En effet :

— 28 —

Conçoit-on le calorique sans matière ?

Conçoit-on le moindre *atôme* de matière sans calorique latent ?

L'une de ces deux forces, le calorique, tend à s'épandre uniformément partout, tandis que l'autre, la matière, vise constamment à s'agglomérer en un tout.

La première a pour but l'*expansion*.

La seconde veut l'*attraction*.

Le perpétuel et universel *combat* de ces deux puissances, essentiellement contraires, a pour effet

Le mouvement ! — *La vie !*...

De leur accord, ou juste équilibre, il résulterait

Le néant !...

Imp. Oberthur et fils, Rennes. — Maison à Paris, rue des Blancs-Manteaux, 35.

www.ingramcontent.com/pod-product-compliance
Lightning Source LLC
Chambersburg PA
CBHW070452080426
42451CB00025B/2711